MamE
Edifa

Direction : Guillaume Arnaud
Direction éditoriale : Sarah Malherbe, Sophie Cluzel
Édition : Pauline Trémolet assistée d'Axelle Beaussant
Direction artistique : Élisabeth Hebert assistée d'Amélie Hosteing
Mise en page : Bénédicte Soupa
Fabrication : Thierry Dubus, Florence Bellot
« Loi n° 44-956 du 16 juillet 1949
sur les publications destinées à la jeunesse. »
© Mame-Édifa, Paris, 2011 • ISBN : 978-2-9163-5090-5
MDS : 535 137 • N° d'édition : 11089
Tous droits réservés pour tous pays.

Jean-François Kieffer

# Je chante Dieu toute l'année

MamE
Edifa

Moi, depuis que je suis né, j'ai le cœur ensoleillé :
Pour Dieu, j'aime chanter toute l'année.
Mêm' quand le ciel n'est pas bleu, quand il neige ou quand il pleut,
Je chante pour mon Dieu et tout va mieux !

**Tout l'hiver et tout l'été et de l'automne au printemps,
Je chante pour mon Dieu par tous les temps.
Tout l'hiver et tout l'été et de l'automne au printemps,
Je chante ma joie d'être son enfant.**

Dès que je suis réveillé, jusqu'à la fin d'la journée,
Pour Dieu, j'aime chanter toute l'année.
Quand je suis triste ou nerveux, quand je ne sais plus c'que j'veux,
Je chante pour mon Dieu et tout va mieux !

Quand la vie est compliquée, plutôt que de ronchonner,
Pour Dieu, j'aime chanter toute l'année.
Mon secret pour être heureux, c'est tout simple et merveilleux :
Je chante pour mon Dieu et tout va mieux !

# Merci, Seigneur !

*Merci, Seigneur, pour ces belles vacances !*
*Demain commence une nouvelle année.*
*Avec une nouvelle classe, de nouveaux amis…*
*Et toi, Seigneur, tu seras là, avec moi.*

# C'est parti pour une année

Les vacances sont finies,
Bonjour, bonjour la compagnie !
C'est parti pour une année
De découverte et d'amitié !

Bonjour, la compagnie !
Je m'appelle Chloé, j'ai deux frères et une sœur !
Moi, c'est Axel. Mon papa, il est coiffeur !
Bonjour, je suis Violaine, j'ai un lapin nain et une nouvelle maison…

**Venez les amis, approchez par ici !** *(bis)*
**Trouvons un coin tranquille et ouvrons l'Évangile !** *(bis)*

Dans ce livre, vous verrez la naissance de Jésus,
Ses parents émerveillés et les bergers tout émus,
Quand, sous le ciel étoilé, à l'étable, ils sont venus.

Dans ce livre est raconté tout ce que Jésus a fait.
Quand il change l'eau en vin et qu'il multiplie les pains,
C'est la fête autour de lui, il vient apporter la vie !

Dans ce livre, il est écrit tout ce que Jésus a dit :
Ses paroles pour aimer, pour guérir et pour sauver.
Il parlait aux plus petits, il parle encore aujourd'hui !

Dans ce livre, on entendra Jésus au dernier repas.
La nuit, les soldats l'ont pris ; il est mort un vendredi ;
Mais quand dimanche est venu, vivant, ses amis l'ont vu !

Dans ce livre nous est dit que Jésus avait promis
D'être avec nous chaque jour pour nous apprendre l'amour ;
S'il nous donne l'Esprit Saint, c'est pour être ses témoins !

# Qu'elle est belle, ta création

*Qu'elle est belle, Seigneur, ta création !*
*Quand passent les jours et que change le temps,*
*Elle s'habille de nouveaux vêtements.*
*Sois béni, Seigneur, pour les quatre saisons !*

# Louange d'automne

Sois béni, Seigneur des saisons,
Pour les fruits et les couleurs de l'automne,
Pour les arbres que les feuilles abandonnent,
Pour tes merveilles, nous te bénissons !

# La Toussaint

*C'est la fête de tous les saints.*
*Comme eux, Jésus,*
*Je veux marcher à ta suite.*
*Viens me prendre par la main !*

# Je veux le bonheur

Je veux le bonheur que tu promets, Seigneur
Aux artisans de paix, aux pauvres de cœur !
Fais que j'avance dans le peuple immense
De ceux qui ont choisi de vivre de ta vie !

Avec sainte Élisabeth,
Avec sainte Clotilde,
Avec sainte Catherine,
Avec saint Alexandre...

# L'Avent

*Voici le temps de l'Avent.*
*Apprends-moi, Marie,*
*À préparer mon cœur*
*Pour accueillir Jésus.*

# Réjouis-toi, Vierge Marie

À Nazareth, en Galilée, tu venais de te fiancer
Quand, dans une douce clarté, l'ange est venu te saluer :

**Réjouis-toi, Vierge Marie, car le Seigneur est avec toi !
Réjouis-toi, Dieu t'a choisie pour enfanter le roi des rois !**

Sans plus tarder, tu es partie chez ta cousine Élisabeth
Elle fut remplie de l'Esprit et t'accueillit le cœur en fête :

Dans une étable, en pleine nuit, tu mis au monde le sauveur ;
Le chant des anges a retenti pour dire aux hommes ce bonheur :

Passent les jours, voici l'Avent, bientôt, nous fêterons Noël ;
Je m'y prépare en te chantant les mots de l'ange Gabriel :

# Le six décembre

Moi, le six décembre, je range ma chambre,
J'apprends mes leçons, je prépare un panier,
Puis je sors bien vite guetter la visite
De Saint Nicolas, patron des écoliers !

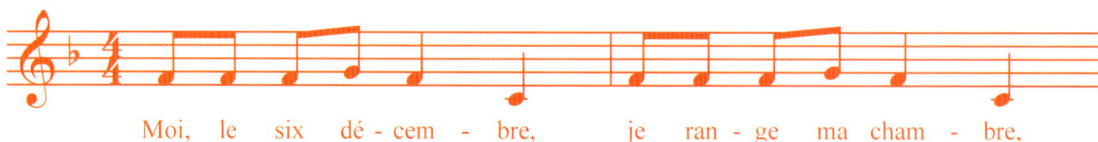
Moi, le six dé - cem - bre, je ran - ge ma cham - bre,

J'ap-prends mes le - çons, je pré - pare un pa - nier, Puis je sors bien vi - te

guet-ter la vi - si - te De Saint Ni - co - las, pa - tron des é - co - liers !

*Bonjour, les enfants !*
*Bonjour, saint Nicolas !*
*As-tu été un bon p'tit gars ? Voilà du chocolat !*
*Et pour cette gentille demoiselle, un paquet de caramel !*

# Louange d'hiver

Sois loué, Seigneur des saisons,
Pour le gel et les flocons de l'hiver,
Pour les vents et le repos de la terre,
Pour nos maisons, nous te bénissons !

Sois lou - é, Seigneur des sai - sons, Pour le
Al - lé - lu - ia

gel et les flo - cons de l'hi - ver, Pour les vents et le re - pos de la
Al - lé - lu - Al - lé -

ter - re, Pour nos mai - sons, nous te bé - nis - sons !
lu - ia Al - lé - lu - ia

**Quand arrive le temps de Noël
Aux mille merveilles, aux mille bonheurs,
Je fredonne à Dieu, comme les anges,
Les mille louanges que j'ai dans le cœur.**

Pour les rues qui scintillent, le sapin décoré,
Pour la fête en famille, les cadeaux échangés,
Louange à Dieu !

Pour les gestes d'entraide, les mots d'amitié,
Pour la joie du partage, la joie de donner,
Louange à Dieu !

Pour la crèche où Jésus est venu parmi nous,
Pour Joseph et Marie devant lui, à genoux,
Louange à Dieu !

# Marie, mère de Dieu

Marie, mère de Dieu, en ce premier jour de l'an,
Nous déposons nos vœux dans les mains de ton enfant.

*En ce premier jour de l'an,*
*Seigneur Jésus,*
*Nous te demandons la paix.*
*La paix en nos cœurs.*
*La paix dans notre famille.*
*La paix pour notre pays.*
*La paix pour le monde…*
*Fais de nous, Seigneur Jésus,*
*Des artisans de paix !*

# Enfant Jésus

*Enfant Jésus,*
*Tu es venu pour tous les hommes.*
*Comme les mages, guidés par une étoile,*
*Nous venons à ta lumière*
*Et nous t'offrons notre amour.*

# Fêtons les mages

Fêtons les Mages, la galette est bien dorée !
Dès le partage, le roi sera nommé !

Voici la fève, je vais être couronné(e) !
Que l'on se lève, qu'on vienne m'embrasser !

*Vive Chloé !*
*Vive la reine !*

♩ = 96  Tous

Fê - tons les Ma - ges, la ga - lette est bien do - rée !

Dès le par - ta - ge, le roi se - ra nom - mé !

Soliste

Voi - ci la fè - ve, je vais ê - tre cou - ron - né(e) !

Que l'on se lè - ve, qu'on vien - ne m'em - bras - ser !

# Après le feu

*Après le feu*
*Vient la cendre...*
*Mais toi, Seigneur,*
*De nos pauvres cendres*
*Tu veux faire jaillir*
*La flamme de Pâques !*
*Conduis-nous*
*De la mort à la vie...*

# Quarante jours, quarante nuits

**Quarante jours, quarante nuits, seul au désert tu es parti ;
Quarante jours me sont donnés, ô Jésus, pour t'y retrouver.**

Apprends-moi à partager, toi qui partageais ta vie,
À donner dans le secret, sans attendre de merci !

Apprends-moi à mieux prier, toi qui priais en tout temps,
Dans le calme et le secret, tu es là et tu m'attends !

Apprends-moi à mieux jeûner, à me priver dans la joie,
De ce qui peut encombrer le chemin qui mène à toi !

# Les Rameaux

*C'est sur un petit âne
Que tu es entré dans Jérusalem
Pour y offrir ta vie.
La foule t'acclamait,
Des rameaux à la main.
Avec elle, je t'acclame :
Hosanna !
Sois béni, notre roi !*

# Par amour pour nous

C'est par amour pour nous que tu as donné ta vie,
C'est par amour pour toi que nous prions aujourd'hui.

Pour un dernier repas tu rassemblas tes amis,
En leur lavant les pieds, à genoux tu leur as dit :
« Faites-vous serviteurs de vos frères, comme moi ! »

Tu partageas le pain : « Prenez et mangez-en tous »,
Puis la coupe de vin : « Prenez et buvez-en tous,
C'est mon corps et mon sang que je donne pour vous ! »

Tu priais au jardin quand les soldats sont venus,
Ils t'ont lié les mains, tu ne t'es pas défendu.
Comme un simple voleur, tu fus mis en prison.

Les bourreaux t'ont frappé et se sont moqués de toi,
Puis tu fus condamné à mourir sur une croix.
« Père, pardonne-leur, car ils ne savent pas ! »

Comme un agneau sans voix, tu as marché vers la mort
Et cloué sur le bois, tu nous as livré ton corps…
« Ô Père, dans tes mains, je remets mon esprit ! »

# Alléluia, Christ est ressuscité

**Alléluia, Alléluia, Christ est ressuscité !
Alléluia, Alléluia, allez l'annoncer !**

Femmes venues pour embaumer son corps,
Ne cherchez plus Jésus parmi les morts !
Les nouveaux temps ont déjà commencé :
Christ est vivant, Dieu l'a ressuscité !

## Tu es vivant

*Tu es vivant, Jésus !
Comme les femmes ont couru
Annoncer la nouvelle aux apôtres,
Je veux courir
L'annoncer au monde :
Tu es vivant, Alléluia !*

Allons l'annoncer au monde, Jésus est vivant !
La lumière a vaincu l'ombre, Jésus est vivant !
Allons l'annoncer au monde, Jésus est vivant !
Cette joie qui nous inonde, c'est Jésus vivant !

**Jésus est vivant, Jésus est vivant !
Cette joie qui nous inonde, c'est Jésus vivant !** *(Bis)*

Courons dire à tous nos frères : « Jésus est vivant ! »
Dansons autour de la terre, Jésus est vivant !
Courons dire à tous nos frères : « Jésus est vivant ! »
Cette joie qui nous libère, c'est Jésus vivant !

**Jésus est vivant, Jésus est vivant !
Cette joie qui nous libère, c'est Jésus vivant !** *(Bis)*

Jour de Pâques, jour de fête, Jésus est vivant !
Dansons, garçons et fillettes, Jésus est vivant !
Jour de Pâques, jour de fête, Jésus est vivant !
Cette joie que rien n'arrête, c'est Jésus vivant !

**Jésus est vivant, Jésus est vivant !
Cette joie que rien n'arrête, c'est Jésus vivant !** *(Bis)*

# Louange de printemps

Sois loué, Seigneur des saisons,
Pour les fleurs et les parfums du printemps,
Pour la danse des oiseaux, pour leurs chants,
Pour toute vie, nous te bénissons !

# Comme une fleur

*Comme une fleur s'ouvre au soleil,*
*Je t'ouvre mon cœur, Esprit Saint.*
*Comme on se réjouit*
*Pour accueillir un ami,*
*J'attends ta venue, Esprit Saint.*

# Esprit du Seigneur

Esprit du Seigneur, viens me visiter !
Descends dans mon cœur, sois mon invité !

# Cette année

*Cette année, j'ai bien grandi ! Cette année, j'ai tant appris !
J'ai rencontré tant d'amis ! Ô seigneur, c'est bon, la vie !*

## Louange d'été

Sois loué, Seigneur des saisons,
Pour les fêtes et les joies de l'été,
Pour les montagnes, les mers et les prés,
Pour le soleil, nous te bénissons !

# Marie, au cœur de l'été

**Marie, au cœur de l'été,
Marie, nous venons te fêter.**

Voici des fleurs des prés, des cierges allumés,
**Pour te fêter, Marie,**
Voici, dans l'unité, tes enfants rassemblés
**Auprès de toi, Marie.**

Nous avons apporté nos peines et nos joies,
**Pour te fêter, Marie,**
Et nous venons prier Jésus, ton Enfant Roi
**Auprès de toi, Marie.**

En grand, nous ouvrirons la porte de nos cœurs,
**Pour te fêter, Marie,**
Et nous accueillerons l'Esprit Saint du Seigneur,
**Auprès de toi, Marie.**

# Chansons et prières

|  | page | partition | plage | durée |
|---|---|---|---|---|
| **P**our Dieu, j'aime chanter | 7 | 𝄞 | ① | 2'38 |
| **M**erci, Seigneur ! | 8 |  | ② | 0'18 |
| **C**'est parti pour une année | 9 | 𝄞 | ③ | 1'40 |
| **O**uvrons l'Évangile | 11 | 𝄞 | ④ | 3'33 |
| **Qu**'elle est belle, ta création | 12 |  | ⑤ | 0'15 |
| **L**ouange d'automne | 13 | 𝄞 | ⑥ | 1'06 |
| **L**a Toussaint | 14 |  | ⑦ | 0'10 |
| **J**e veux le bonheur | 15 | 𝄞 | ⑧ | 2'04 |
| **L**'Avent | 16 |  | ⑨ | 0'10 |
| **R**éjouis-toi, Vierge Marie | 17 | 𝄞 | ⑩ | 2'19 |
| **L**e six décembre | 18 | 𝄞 | ⑪ | 0'46 |
| **L**ouange d'hiver | 19 | 𝄞 | ⑫ | 1'23 |
| **Q**uand arrive le temps de Noël | 21 | 𝄞 | ⑬ | 2'03 |
| **M**arie, mère de Dieu | 22 | 𝄞 | ⑭ | 1'32 |
| **E**nfant Jésus | 24 |  | ⑮ | 0'12 |
| **F**êtons les mages | 25 | 𝄞 | ⑯ | 0'50 |
| **A**près le feu | 26 |  | ⑰ | 0'16 |

|  | page | partition | plage | durée |
|---|---|---|---|---|
| **Q**uarante jours, quarante nuits...................... | 27 | 𝄞 | ⑱ | 2'51 |
| **L**es Rameaux................................................ | 28 |  | ⑲ | 0'17 |
| **P**ar amour pour nous.................................... | 30 | 𝄞 | ⑳ | 3'20 |
| **A**lléluia, Christ est ressuscité ....................... | 33 | 𝄞 | ㉑ | 1'37 |
| **T**u es vivant................................................. | 33 |  | ㉒ | 0'13 |
| **A**llons l'annoncer au monde........................ | 34 | 𝄞 | ㉓ | 2'04 |
| **L**ouange de printemps.................................. | 36 | 𝄞 | ㉔ | 1'06 |
| **C**omme une fleur ......................................... | 37 |  | ㉕ | 0'14 |
| **E**sprit du Seigneur....................................... | 37 | 𝄞 | ㉖ | 2'17 |
| **C**ette année.................................................. | 38 |  | ㉗ | 0'13 |
| **L**ouange d'été............................................... | 38 | 𝄞 | ㉘ | 1'23 |
| **M**arie, au cœur de l'été ................................ | 39 | 𝄞 | ㉙ | 2'12 |

41

# Versions instrumentales

| | plage | durée |
|---|---|---|
| Pour Dieu, j'aime chanter | ㉚ | 2'37 |
| C'est parti pour une année | ㉛ | 1'41 |
| Ouvrons l'Évangile | ㉜ | 3'33 |
| Louange d'automne | ㉝ | 1'05 |
| Je veux le bonheur | ㉞ | 2'04 |
| Réjouis-toi, Vierge Marie | ㉟ | 2'19 |
| Le six décembre | ㊱ | 0'21 |
| Louange d'hiver | ㊲ | 1'24 |
| Quand arrive le temps de Noël | ㊳ | 2'03 |
| Marie, mère de Dieu | ㊴ | 1'32 |
| Fêtons les mages | ㊵ | 0'52 |
| Quarante jours, quarante nuits | ㊶ | 2'51 |
| Par amour pour nous | ㊷ | 3'21 |
| Alléluia, Christ est ressuscité | ㊸ | 1'37 |
| Allons l'annoncer au monde | ㊹ | 2'04 |
| Louange de printemps | ㊺ | 1'07 |
| Esprit du Seigneur | ㊻ | 2'17 |
| Louange d'été | ㊼ | 1'23 |
| Marie, au cœur de l'été | ㊽ | 2'10 |

- **Illustrations, paroles, musiques et prières de Jean-François Kieffer**

| | |
|---|---|
| Interprétation et récitants | Gaëtan de Courrèges ; Bénédicte Lécroart ; Les Amis de tous les Enfants du Monde (Ambre, Axel, Chloé, Élise, Faustine, Gaëlle, Margaux) dirigés par Éric Bessot. |
| Guitares, bouzouki, mandoline, banjo | Joël Roulleau. |
| Flûtes traversières en ut et sol, clarinettes, clarinette basse et saxophone soprano | Francis Cournet. |
| Flûtes à bec soprano, alto, ténor et basse, tin et low whistles | Frédéric Malmasson. |
| Violon | Didier Riey. |
| Accordéon | José Gurdak. |
| Arrangement, direction musicale et réalisation | José Gurdak. |

Enregistré au Studio Cristal Music.

### • Jean-François Kieffer et Christine Ponsard

*Je chante Dieu de tout mon cœur,* CD offert, Edifa-Mame, septembre 2006.
*L'Évangile pour les enfants en bandes dessinées,* Fleurus-Edifa, 2002.
*Les paraboles de Jésus en bandes dessinées,* Fleurus-Edifa, 2003.
*Les miracles de Jésus en bandes dessinées,* Fleurus-Edifa, 2004.
*Les Actes des Apôtres en bandes dessinées,* Fleurus-Edifa, 2005.

### • Jean-François Kieffer et Gaëtan Évrard

*François d'Assise,* Edifa-Mame, septembre 2010.

### • Jean-François Kieffer

*Les Aventures de Loupio, tome 1. La Rencontre et autres récits,* Fleurus-Edifa, 2001.
*Les Aventures de Loupio, tome 2. Les Chasseurs et autres récits,* Fleurus-Edifa, 2002.
*Les Aventures de Loupio, tome 3. L'Auberge et autres récits,* Fleurus-Edifa, 2002.
*Les Aventures de Loupio, tome 4. Le Tournoi,* Fleurus-Edifa, 2003.
*Les Aventures de Loupio, tome 5. Les Deux-Îles et aut récits,* Fleurus-Edifa, 2005.
*Les Aventures de Loupio, tome 6. La Caverne,* Fleurus-Edifa, 2006.
*Les Aventures de Loupio, tome 7. Les Faucons et autres récits,* Fleurus-Edifa, 2008.
*Les Aventures de Loupio, tome 8. Le Défi,* Fleurus-Edifa, 2010.
*Les Chansons de Loupio,* CD de 18 chansons, Fleurus-Edifa, 2004.
*Les Nouvelles Chansons de Loupio,* CD de 20 chansons, Fleurus-Edifa, 2007.
*La Crèche de Loupio,* Edifa-Mame, octobre 2006.
*La Chasse au vol,* le puzzle de Loupio, Fleurus-Edifa, 2008.
*Le Chemin de Compostelle,* le jeu de Loupio, Fleurus-Edifa, 2009.